CATALOGUE

DE

LIVRES SUR LES BEAUX-ARTS

ET

D'OUVRAGES A GRAVURES

Dont la vente aura lieu le lundi 31 mai 1875

à 1 heure et demie très-précise

Hôtel des commissaires-priseurs, rue Drouot, 5
Au premier, salle n° 7

Par le ministère de M⁰ DELBERGUE-CORMONT, commissaire-priseur
Rue de Provence, 8.

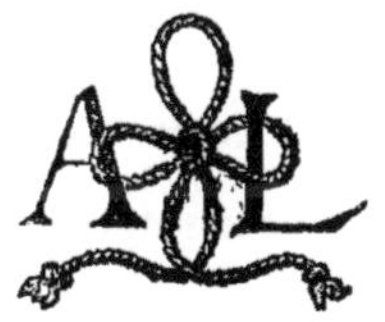

PARIS
ADOLPHE LABITTE
LIBRAIRE DE LA BIBLIOTHÈQUE NATIONALE
4, rue de Lille, 4
—
1875

ORDRE DE LA VACATION.

N°s 175 à 220
1 à 174

CONDITIONS DE LA VENTE.

La vente se fait au comptant.

Les réclamations devront être faites au plus tard dans les vingt-quatre heures qui suivront l'adjudication. Passé ce délai, les livres vendus ne seront repris pour aucune cause.

Il y aura exposition avant la vente.

Les acquéreurs payeront 5 pour 100, en sus des enchères, applicables aux frais.

M. Adolphe LABITTE, chargé de la vente, remplira les commissions pour les personnes qui ne pourront y assister.

Paris, — Imprimerie de Georges Chamerot, rue des Saints-Pères, 19.

CATALOGUE

DE LIVRES

SUR

LES BEAUX-ARTS

ET D'OUVRAGES A GRAVURES.

THÉOLOGIE.

ÉCRITURE SAINTE. — FIGURES DE LA BIBLE.

1. Nouveau Testament de Notre-Seigneur Jésus-Christ, traduit en français, par M. Lemaistre de Saci, nouvelle édition, ornée de 36 figures gravées par les plus habiles artistes, sous la direction de M. Ponce, d'après les dessins de MM. Marillier et Monsiau. *A Paris, an* XIII, 3 vol. in-4, cart. non rog. (*Figures avant la lettre.*)

2. Le Tableau de la croix, représenté en figures, par Mazot, 1651, in-8, v. figures.

Entièrement gravé.

3. Dv Ivge des controverses, traitté auquel est defendue l'authorité et la perfection de la sainte Escriture contre les vsvrpations et accusations de l'Église romaine, par Pierre dv Movlin. Traité de la connoissance de Diev, par M. Pierre dv Mov-

lin. Elemens de la logique françoise (*par le même*). *A Genève, chez Pierre Avbert*, 1625-1831, 3 ouvrages, en 1 vol. in-8, parch.

4. Histoire de la Bible (dite Bible de Mortier). *Amsterdam, Mortier,* 1700, 2 volumes in-fol. v. armoiries.

Épreuves avant les clous. Exemplaire en grand papier avec double texte (hollandais et français). Piqûre au tome Ier.

5. Histoires les plus remarquables de l'Ancien et du Nouveau Testament. *Amsterdam,* 1732, in-fol. cart. non rog. 70 planches et cartes, gravées par Luyken.

6. Histoire des Actions extraordinaires de Samson, en quarante feuilles, tirées de l'Écriture sainte ; inventé et gravé par F. Verdier, peintre ordinaire du roy. *Se vend à Paris, chez Benoist Audran et chez Ch. Simonneau.* (1798), in-4, cart.

Piqûres et mouillures.

7. Salvator mundi et apostoli, in-4, br.

14 planches d'après Rubens, gr. par Rijckemans.

8. Humanæ salutis Monumenta. *Antuerpiæ, Plantin,* 1571, in-8, v. (*Figures*).

9. Tableavx sacrez de la vie, doctrine, miracles, mort, resvrrection glorievse de Iesvs-Christ. *A Paris, chez Jean-Bapt. Loyson,* 1776, in-fol. v. ant. (126 *planches.*)

Cet ouvrage est divisé en 2 parties, et doit avoir 132 planches ; mais il manque les 3 premières planches de chacune des parties ; de plus, l'exemplaire est taché, surtout dans les premiers feuillets.

10. Théâtre des Martyrs, depuis la mort de Jésus-Christ jusqu'à présent, représenté en très-belles tailles-douces, par le célèbre graveur Iean Luyken. *Se vend à Leyde, chez Pierre Vandera, s. d., s. l.,* 115 planches réunies en 1 vol. in-4, obl. demi-rel. bas.

11. Pontificiorum ordinum habitus, a J. Amman expressi. *Francof., Feyrabend*, 1585, in-4, demi-rel. figures.

12. Sancti fvndatores religiosorvm ordinvm in ecclesia Lætiensis monasterii ordinis S. Benedicti tabellis pictis pio spectatori svpra chori sedilia positi. *Antverpiæ*, 1630, in-4 velin. (39 *planches gravées*.)

13. Les Figvres et l'abrégé de la mort et des miracles de saint François de Pavle, instituteur et fondateur de l'ordre des Minimes, recveillies de la Bulle de Léon X et des enquestes faites pour proceder à sa canonisation, par Fr. Antoine Dondé. *A Paris, chez François Muguet, impr. du roy*, 1671, in-fol. figures gravées, maroq. rouge à comp. tr. dor. (*Anc. rel.*)

14. Histoire générale des cérémonies, mœurs et coutumes religieuses de tous les peuples du monde, représentées par Bernard Picart. *Paris*, 1731, 7 vol. in-fol. v. fig.

SCIENCES ET ARTS.

---

15. Collection des moralistes anciens. *Paris, impr. de Didot l'aîné*, 1782-95, 18 vol. in-18, cart.

16. Essais de Michel de Montaigne. *Paris, chez Jean Servière*, 1793, 3 vol. in-8, portrait, maroq. vert, dent. à comp. tr. dor. (*Anc. rel.*)

17. Les Caractères de Théophraste et de la Bruyère, avec des notes, par M. Coste. *A Paris*, 1765, in-4, portrait gr. et vignettes, v. f. ant. fil. tr. dor

18. L'Auteur de la nature (par Clément de Boissy). *Paris, L. Cellot,* 1782, 3 vol. in-12, front gr. maroq. rouge, fil. tr. dor. (*Anc. rel.*)

19. Recueil de plusieurs traitez de mathématiques. *Paris, Impr. roy.,* 1676, gr. in-fol. mar. r. fil. tr. dor. (*Aux armes du roy.*)

20. Discovrs touchant le point de veve dans lequel il est prouvé que les choses qu'on voit distinctement ne sont veues que d'un œil, par Séb. Le Clerc. *Paris, chez Thomas Jolly,* 1679, pet. in-12, v. ant.

21. Recueil de Mémoires et d'observations sur la formation et sur la fabrication du salpêtre, par les commissaires nommés, par l'Académie pour le jugement du prix du salpêtre. *A Paris, chez Lacombe,* 1776, in-8, maroq. fil. tr. dor. (*Anc. rel.*)

22. Rapport fait à l'Académie des sciences, belles-lettres et arts de Lyon, sur l'expérience de l'aérostat, faite le 19 janvier 1874. *S. l. n. d.,* in-4 de 20 pages, avec 2 figures gravées, demi-rel. bas.

23. Dictionnaire pittoresque d'Histoire naturelle rédigé sous la direction de M. F. Guérin. *Paris,* 1834, 9 vol. de texte et 2 vol. de gravures sur acier. Ens. 11 vol. gr. in-8, texte à deux col. demi-rel. v. f.

23 *bis.* Même ouvrage, 1839-40, 9 tomes en 5 vol. in-8 de texte, plus 2 vol. de gravures. Ens. 7 vol. gr. in-8, demi-rel. v. f. *Figures coloriées.*

24. Essai d'employer les instruments microscopiques avec utilité et plaisir dans la saison du printemps, par l'auteur des Amusements microscopiques tant des yeux que de l'esprit, traduit de l'allemand par J.-C. Harrepeter, maistre ès arts. *A Nuremberg, chez A.-L. Virsing, graveur,* 1764, in-fol. texte allemand et français, 12 planches en couleurs, demi-rel. dos et coins de vélin.

25. La Botanique mise à la portée de tout le monde, par Regnault. *Paris, 1774,* 3 vol. in-fol. v. (*Figures coloriées*).

Exemplaire complet avec les suppléments.

26. Nouveau Traité physique et économique de toutes les plantes qui croissent à la surface du globe, par Buch'oz. *Paris,* 1787, in-fol. v. fil. tr. dor. (*Figures coloriées.*)

27. BULLIARD. Histoire des champignions de France. *Paris, 1791,* 2 vol. de texte et 2 vol. in-4 de planches en couleurs.

Les planches ne sont pas placées dans l'ordre des numéros.

28. Traité des arbres fruitiers, par Duhamel du Monceau. *Paris,* 1768, 2 vol. in-4, v. éc. fil. tr. dor. figures.

Bel exemplaire.

29. Collection de Mammifères du muséum d'histoire naturelle, classée suivant la méthode de M. Cuvier, dessinée d'après nature par Huet fils, gravée par J. Buet jeune. *Paris, chez Bance, s. d.,* in-fol. demi-rel. bas. (34 *planches.*)

30. Ornithologie, ou Méthode contenant la division des oiseaux en ordres, sections, genres, espèces et leurs variétés, à laquelle on a joint une description exacte de chaque espèce, par M. Brisson ; ouvrage enrichi de figures en taille-douce. *Paris,* 1760, 6 vol. in-4, v. ant.

31. Histoire naturelle des Oiseaux, ornée de 306 estampes qui les représentent parfaitement au naturel, dessinées et gravées par Éléazar Albin, et augmentée de notes et remarques curieuses, par W. Derham, docteur en théologie, traduite de l'anglois. *A la Haye, chez Pierre de Hondt,* 1750, 3 vol. in-4, v. ant. marbr.

Planches en couleurs.

32. Histoire naturelle et générale des colibris, oiseaux-mouches, jacamars et promcops, par J.-B.

Audebert et L. Veillot. *Paris, Desray, librairie de l'impr. de Crapelet, an* xi (1802), 2 vol. in-4, papier vélin, nombr. planches coloriées, demi-rel. v. ant.

Exemplaire non rogné.

33. Les Pigeons, par Mme Knip, le texte par Themminck. *Paris,* 1811, in-fol. figures, demi-reliure, non rog.

34. L'Histoire naturelle, éclaircie dans une de ses parties principales, la conchyliologie. *Paris, de Bure,* 1757, in-4, mar. fil. larges dentelles, tr. dor. (*Bel exemplaire.*)

35. Histoire naturelle des rainettes, des grenouilles et des crapauds, par F.-M. Daudin. *Paris, chez Levrault, an* xi, in-4, v. rac.

Ouvrage orné de 38 planches représentant 54 espèces peintes d'après nature.

36. Histoire générale des Insectes de Surinam, par Mlle de Mérian. *Paris, Desnos,* 1771, 2 t. en 1 vol. maroq. vert, fil. tr. dor.

Très-bel exemplaire, figures coloriées.

37. Mémoire aptérologique, par Hermann, publ. par Hammer. *Strasbourg,* 1804, in-fol. cart. 9 planches en couleurs.

38. Ichthyologie, ou Histoire naturelle des poissons, avec 216 planches dessinées et enluminées d'après nature, par Marc Eliézer Bloch. *Berlin,* 1796, 6 vol. in-8, dont 4 de texte et 6 vol. de planches, v. gr. fil. tr. dor.

39. La Première et la seconde Partie de l'Histoire entière des poissons, composée premièrement en latin, par maistre Guillaume Rondelet, docteur régent en médecine en l'vniuersité de Mompelier, maintenant traduite en françois, auec leurs pourtraits au naïf. *A Lion, par Macé Bonhome, à la Masse d'or,* 1558, 2 parties en 1 vol. in-4, demi-reliure, bas.

40. La Venaria reale, palazzo di piacere e di caccia ideato dall' Altezza reale di Carlo Emanvel II, descritto dal conte Amedeo di Castellamonte, l'anno 1672. *In Turino, per Bartolomeo Zapatta,* 1674, pet. in-fol. bas. (*Planches gravées.*)

41. Compendio del gran volume dell' Arte del bene scrivere, di G. B. Palatino. *In Venetia,* 1588, in-4, cartonné.

Taché, déchirure au titre.

42. Manuel de l'amateur d'autographes, par P.-Jul. Fontaine. *Paris, Paul Morta,* 1836, in-8, demi-cart. percal.

BEAUX-ARTS.

---

43. Storia delle arti del disegno presso gli antichi, di Giovanni Winkelmann, tradotta dal Tedesco da Carlo Fea. *In Roma, dalla stamperia Pagliarini,* 1783, 3 vol. in-4, figures, mar. vert foncé, large dent. à comp. tr. dor.

44. Le Livre des peintres, de G. de Lairesse (texte hollandais). *Amsterdam,* 1707, 2 t. en 1 vol. in-4, v. (*Figures.*)

45. Les Principes du dessin, ou méthode courte et facile pour aprendre cet art en peu de temps, par M. Gérard de Lairesse. *A Amsterdam et à Leipzig, chez Arkstée et Merkus,* 1746, in-fol., 120 planch. gravées, demi-rel. bas.

46. Le Pitture antiche d'Ercolano. *Napoli,* 1757. 4 vol. in-fol. v. (*Figures.*)

*

47. Disegno della loggia di San Pietro in Vaticano, opera dal cav. G. Lanfrancio. *S. d.*, in-fol. rel. v. b. (*Figures.*)

48. Picturæ Francisci Albani, in æde Verospia. *Romæ, Frezza inc.*, 1754, in-fol. cart. (*Figures.*)

49. Recueil de charges et de têtes de différents caractères, gravées à l'eau-forte, d'après les dessins de Léonard de Vinci, précédé d'une lettre de M. Mariette sur ce peintre florentin. *Paris, chez Charles-Ant.-Jombert*, 1767, in-4, cart. 64 planches.

50. Le Cabinet des beaux-arts, ou Recueil d'estampes gravées d'après les tableaux d'un plafond où les beaux-arts sont représentés, avec l'explication de ces mêmes tableaux (par Perrault, de l'Académie françoise). *Se vend à Paris, chez G. Edelinck*, 1690, in-4 obl. 14 planches, v. ant. marbr.

51. A Collection of prints from the works of the celebrated masters. *London*, 1800, in-fol. cart. (*Figures.*)

52. ANNALES DU MUSÉE et de l'École moderne des beaux-arts, recueil de gravures au trait, rédigé par C.-P. Landon, peintre, 16 vol. Paysages et tableaux de genre, 4 vol. Seconde collection, partie ancienne, 3 vol. Galerie Giustiniani, ou catalogue figuré, 1 vol. Galerie de M. Massias, ou catalogue figuré, 1 vol. Salons de 1808, 1810, 1812 et 1814, 6 vol. *A Paris, de l'imprimerie de Didot jeune et de Chaignieau*, 1800-1814. Ens. 31 vol. in-8, cart. non rog.

53. MUSÉE des Antiques, par Bouillon. *Paris, Didot, s. d.*, 3 vol. in-fol. demi-rel. *Figures.*

54. Cours d'architecture, qui comprend les ordres de Vignole avec des commentaires, les figures et les descriptions de ses plus beaux bâtimens et de ceux de Michel-Ange et généralement tout ce qui regarde l'art de bastir, par le sieur C.-A. Daviller,

architecte; nouvelle édition, enrichie de nouvelles planches, par P.-J. Mariette. *Paris, chez Ant. Jombert*, 1760, in-4, v. ant. marbr. (*Figures.*)
Le titre est taché.

55. Les OEuvres d'architectvre d'Anthoine Le Pavtre, architecte ordinaire du Roy. *A Paris, chez Jombert, s. d.*, 2 parties en 1 vol. in-fol. v. ant. (60 *planches.*)

56. Architectura curiosa nova per Georgium Andream Boëklern et in latinam linguam translata a Johanne Christophoro Sturmio. *Norimbergæ, typis Christophori Gerhardi, s. d.*, in-fol. v. marbr.
Recueil curieux de fontaines monumentales, etc.

57. Opera del Cav. Boromino. *Roma*, 1720, in-fol. cartonné. (*Figures.*)

58. Architetture et prospettive dedicate alla maestà di Carlo sesto imperador de' Romani, da Bibiena. *Augustæ*, 1740, in-fol. demi-rel. (*Figures.*)
Ornementation.

59. Les Ruines des plus beaux monuments de la Grèce, par le Roy. *Paris*, 1758, gr. in-fol. figures mar. r. (*Anc. rel.*)
Bel exemplaire.

60. Les Ruines de Pæstum, par T. Major. *Londres*, 1768, in-fol. cart. 24 planches.

61. Vedute degli avanzi dei monumenti antichi delle due Sicilie. *Romæ*, 1794, 60 planches in-4 obl. cart.
Les premières planches sont atteintes d'humidité.

62. Lauri, antiquæ urbis, splendor, 1612, in-4 obl. v. (*Figures.*)

63. I Vestigi dell'antichità di Roma raccolti et ritratt in perspettiva. *In Roma, appresso Giambatista de Rossi Milanese*, 1653, in-4, obl. v. ant. (81 *pl. gravées.*)

64. Les Restes de l'ancienne Rome, recherchez avec soin et gravez par d'Overbeck. *La Haye*. 1763, 2 t. en 1 vol. in-fol. v. nombr. (*Figures.*)

65. Veteres Arcus Augustorum triumphis insignes quæ Romæ adhuc supersunt, notis Bellorii illustrati. *Romæ*, 1690, in-fol. demi-rel. (*Figures.*)

66. Le Fontane di Roma nelle piazze e lvoghi pvblici della città con li loro prospetti come sono al presente, disegnate et intagliate da Gio. Battista Falda. *In Roma*, 1691, 2 parties en 1 vol. in-4 obl. v. ant.

67. Porte d'architettura rvstica d'Oratio Pervcci. 82 planches, in-fol. v. ant.
Planches mouillées.

68. Porte du baptistère Saint-Jean, à Florence, 10 pl. in-fol. demi-rel.

69. Basilica S. Mariæ Maioris de vrbe a Liberio papa vsqve ad Pavlvm V pont. max. Descriptio et delineatio, avctore abbate Pavlo de Angelis. *Romæ, ex typographia Bartholomæi Zannetti*, 1621, gr. in-fol. vélin, planches pliées.
Quelques planches sont cassées.

70. Theatrum basilicæ Pisanæ, cura et studio Josephi Martinii. *Romæ*, 1728, in-fol. texte à deux col. pl. v. mar. ant. fil.

71. Etchings representing the best examples of ancient ornamental architecture, drawn from the originals in Rome and other parts of Italy during the years 1794, 1795 and 1796, by Charles Heatchcote Tatham, architect. *London, Thomas Gardiner, bookseller*, 1799, in-fol. 100 planches noires et en couleurs, demi-rel. bas.

72. Plans et détails du palais et du jardin des Thuileries, par Israël Silvestre, 1678, 14 planches, in-fol. cart.
' Dans le même volume : Statues et bustes antiques des maisons royales, 1679, in-fol., fig.

73. Tombeau de François Ier, dessiné par Imbard. *Paris, imprim. de Didot aîné*, 1812, in-fol. cart. *Figures au trait.*

74. Salle de spectacle de Bordeaux, par Louis. *Paris*, 1782, in-fol. v. 22 planches.

75. Plan d'architecture de la ville d'Amsterdam, par Von Campen, 1661, in-fol. v. fig.

76. Monument élevé à la gloire de Pierre le Grand, ou relation des travaux mécaniques qui ont été employés pour transporter à Pétersbourg un rocher de trois millions pesant, destiné à servir de base à la statue équestre de cet empereur, par le comte Marin Carburi de Ceffalonie. *Paris*, 1777, in-fol. v.

77. Sketches in architecture containing plans and elevations of cottages, villas, and other useful buildings with characteristic scenery, by John Soane, architect to the bank of England, tho which are added six designs for improving and embellishing of grounds, by an amateur. *London*, 1798, in-fol. cart. (*Figures.*)

LIVRES A FIGURES.

79. Les Arts au moyen âge, par Dusommerard. *Paris*, 1838, 5 vol. in-8, cart. et atlas in-fol. (*Figures en couleurs.*)

80. Amorvm Emblemata figvris æneis incisa, stvdio Othonis Væni Batavolvgdvnensis. *Antverpiæ*, 1612, in-4, obl. 123 planches, v. ant.

81. Amoris divini et hvmani Effectvs varii. *Antverpiæ, apud Michaelem Snydees*, 1626, in-18, v. ant. 56 planches gravées.

82. Amoris divini Emblemata, stvdio et ære Othonis Væniiconcinnata. *Antverpiæ, ex officina Plantinia-*

na Balthasaris Moreti, 1660, in-4, 60 planches
gravées, v. ant.

83. Qvinti Horatii Flacci Emblemata. *Antverpiæ,*
1612, in-4, v. ant. (101 *planches gravées.*)
La planche 90 est en mauvais état.

84. Le Sententiose Imprese, dialogo del Simeone.
In Lyone, 1560, in-4, non relié. (*Figures d'emblèmes.*)

85. Achillis Bocchii, Bonon., symbolicæ Quæs-
tiones de vniuerso genere, quas serio ludebat.
*Bononiæ, apud societatem typographiæ Bononien-
sis,* 1574, in-4, vélin. (*Figures gravées.*)

86. Diverse Imprese accommodate a diverse moralità,
tratte dagli Emblemi dell'Alciato. *In Lione, appresso
Gvlielmo Rovillio,* 1579, in-8, texte encadré, demi-
rel. dos et coins de vélin.

87. Andreæ Alciati V. C. Emblemata. *Lugduni, apvd
hæred. Gvlielmi Rovillii,* 1600, in-8, vel. (*Nombr.
figures sur bois.*)

88. Omnia Andreæ Alciati **V. C.** Emblemata per
Claud. Mionem. *Parisiis, in officina Ioan. Richerii,*
1602, in-8, parch. (*Nombr. figures sur bois.*)

89. Iconologie dv chevallier Cæsar Ripa, où les
principales choses qui peuuent tomber dans la
pensée touchant les vices et les vertus sont
représentées soubs diuerses figures grauées en cui-
ure, par Jacqves de Bië et moralement expliquées
par J. Bavdoin, *Paris,* 1577, 2 parties en 1 vol.
in-4, v. porph. fil. tr. marbr. (*Figures.*)

90. Emblèmes d'Amours. *C. Galle excudit,* in-8,
obl. (*Anc. rel.*)
Suites incomplètes.

91. La Doctrine des Mœvrs tirée de la philosophie
des stoïques représentée en cent (trois) tableavx
et expliquée. *A Paris, de l'imprim. de Lovys Seves-*

tre et chez P. Daret, gravevr ord. du roy, 1646, 2 parties en 1 vol. in-fol. bas.

92. Tableaux du Temple des muses, tirez du cabinet de feu M. Favereau, avec des descriptions composées par Michel de Marolles. *Paris*, 1655, in-fol. v. figures.

Cassures et taches. Portrait de l'auteur ajouté.

93. La Danse des morts (texte allemand). *Basle*, 1724, in-12, cart. figures.

94. La Grande Danse macabre des hommes et des femmes. *Troyes, Garnier, s. d.*, in-4, br.

95 Habiti antichi et moderni di tutto il mondo. Antiqui recentioresque totius orbis vestitus, per Svstatium. *In Venetia, apvresso i Seffa*, 1598, fort vol. in-8, vélin. (*Nombr. figures sur bois.*)

96. Costume des anciens peuples, par M. d'André-Bardon, professeur de l'Académie royale de peinture et de sculpture. *Paris, chez Jombert*, 1772, 3 vol. in-4. v. f. ant. tr. dor.

354 *planches gravées* sur les usages religieux et militaires, costumes des Romains, des Grecs, des Israélites, des Égyptiens, des Perses, etc.

97. Recueil des Costumes français, ou collection des plus belles statues et figures françaises, des armes, instruments et meubles, rédigé, dessiné et publié par M. F. Beaunier et L. Rathier. *Paris*, 1810, in-fol. demi-cart. perc. (222 *planches gravées au trait.*)

37 livraisons avec un titre portant : tome Ier.

98. Figures coloriées sur les modes parisiennes de 1831 à 1840, in-8, d.-rel. v. bleu. (139 *planches.*)

99. Académie des sciences et des arts, contenant les vies et les éloges historiques des hommes illustres qui ont excellé en ces professions depuis environ quatre siècles parmy diverses nations de l'Europe, avec leurs pourtraits tirez sur des originaux au naturel et des inscriptions funebres, exactement recueillies de leurs tombeaux, par Isaac Bullart.

A Bruxelles, chez François Foppens, 1682, 2 t.
en 1 vol. in-fol. v. ant.

100. Images des héros et des grands hommes de
l'antiquité, dessinées sur des médailles, des pier-
res antiques et autres anciens monumens, par
Jean-Ange Canini, gravées par Picart le Romain.
Amsterdam, 1731, in-4, v. ant. (115 *médaillons.*)

101. Museo Capitolino contenente immagini d'uo-
mini illustri. *Roma,* 1741, 90 planches gravées
réunies en 1 vol. in-fol. v. f. ant.

102. Les Hommes illustres qui ont paru en France
pendant ce siècle, par Perrault. *Paris, Dezallier,*
1696, 2 vol. in-fol. v. (*Portraits.*)

103. La France illustrée, ou le Plutarque français,
contenant les éloges historiques des généraux et
grands capitaines, des ministres d'Etat et des principaux magistrats de la nation française, enrichis
de leurs portraits, par M. Turpin. *A Paris,* 1782,
4 vol. in-4, v. ant. marbr. (*Nombreux portraits.*)

104. Recueil de divers monuments anciens d'Italie,
par Barbault. *Rome,* 1770, in-fol. cart. (*Figures.*)

105. Tableaux topographiques, pittoresques, mo-
raux, etc., de la Suisse, par le baron de Zurlau-
ben (publié par Laborde). *Paris, Clousier,* 1780,
5 vol. in-fol. dont 2 de planches, mar. r. fil. tr.
dor.

Superbe exemplaire.

106. Le même ouvrage.... ..... 5 tomes en 4 vol.
in-fol. v. (*Nombreuses figures.*)

107. Vues des Indes, par G. Hodges. *Londres,* 1787,
gr. in-fol. (*Figures.*)

108. Les Indes orientales et occidentales, représentées
en figures par le sieur Romeyn de Hooge. *Leyde,*
Van der Aa, in-4 obl. (*Figures.*)

109. Le Grand Théâtre historique. *Leide, Van der Aa,* 1703, 5 tomes en 3 fol. in-fol. v.
Nombreuses figures dans le texte.

110. L'Antiquité expliquée et représentée en figures, par Bernard de Montfaucon. *Paris,* 1719, 10 vol. in-fol. v. (*Figures.*)

111. Histoire de la guerre des Bataves et des Romains, avec les planches d'Otto Vænius, rédigée par le marquis de Saint-Simon, 1770, in-fol. cart. (*Figures.*)
Avec envoi de l'éditeur.

112. Guerres des Flandres. *S. l. n. d.,* in-4, obl. 32 planches dont 4 titres, gr. par Romeyn de Hooge.

113. Repræsentatio belli ob successionem in regno Hispanico. *Wolf exc.,* in-fol. rel.
56 planches avec encadrements variés, d'après les dessins de Jules Decker.

114. Recueil d'Estampes représentant les différents événements de la guerre qui a procuré l'indépendance aux Etats-Unis d'Amérique. 16 planches dessinées et gravées, par F. Godefroy, réunies en 1 vol. in-4, cart.

115. Monuments des victoires et des conquêtes des Français (recueil de tous les objets d'art, statues, bas-reliefs, arcs de triomphe, colonnes, tableaux, médailles, etc., consacré à célébrer les victoires des Français de 1792 à 1815). 100 planches avec texte explicatif en 1 vol. in-4, oblong, demi-rel. bas.
Quelques feuillets raccommodés.

GRAVURES.

117. Figures de Marillier, pour la Bible, gr. in-4.
Avant la lettre, suite incomplète.

118. Environ 150 figures avant la lettre tirées sur grand papier et gravées par les plus habiles artistes sous la direction de M. Ponce, d'après les dessins de MM. Marillier et Monsiau pour le Nouveau Testament de Notre-Seigneur Jésus-Christ, traduction de Lemaistre de Sacy.

119. Ovide. Les Métamorphoses, figures de Le Barbier, Moreau et Monsiau. 95 planches diverses in-4, avant la lettre, non rogn.

120. Figures de Cochin pour Arioste. 46 planches in-4, non rogn.

121. Figures du Régent pour Daphnis et Chloé, grav. par Audran, 29 planches.

121 *bis*. Les mêmes, gravées par Vidal, pet. in-8.

122. Les Principales Avantures de don Quichotte, avec les figures de Bernard Picart. *La Haye*, 1746, in-fol. demi-rel. non rogn.

Texte hollandais.

123. Deux suites des figures de Monnet, pour les contes de Voltaire, non rognées.

Suites incomplètes.

124. Figures de Moreau, Cochin et Monsiau, pour les œuvres de J.-J. Rousseau, 29 pièces diverses.

125. Gessner. OEuvres. *Paris, s. d.*, in-fol. demi-reliure.

Recueil de 83 pièces in-4 et in-fol. pour les œuvres de Gessner, d'après Le-Barbier : 10 pièces sont in-4, 24 planches sont remontées in-fol., et le reste est tiré sur papier in-fol. 12 pièces sont avant la lettre.

126. Figures de Le Barbier, pour les œuvres de Gessner. 60 planches diverses, in-4, et in-fol.

127. Figures de Cochin, pour l'histoire de France. 21 planches in-4, quelques-unes doubles.

128. Titres de livres, frontispices gravés, ex-libris, vues de villes, planches d'ornementation, costumes, etc., tirés des livres des xviiᵉ et xviiiᵉ siècles; environ 500 pièces collées sur papier in-fol. rel. en peau de truie, fermoirs.

Recueil curieux.

POÈTES.

129. Idylles de Théocrite, traduites en français par
J.-B. Gail. (Dans le même ouvrage :) Les Amours
de Léandre et de Héro, trad. en français avec le
texte grec, la version latine, par J.-B. Gail. *Paris,
l'an* ix*e*, 2 vol. in-4, bas. tr. dor.

Édition ornée de figures *avant la lettre* et gravées d'après les dessins de
Barbier et Boichot.

130. OEuvres de Virgile, traduites en français, le
texte vis-à-vis la traduction, par M. l'abbé Des-
fontaines. *Paris, de l'imprim. de Plassan, an IV*,
4 vol. gr. in-8, figures de Moreau le jeune, v.
gr. fil. tr. dor.

131. Metamorphoseon Ovidianarum libri. *Amsterd.*,
W. Janssonius, in-4, obl. (*Figures.*)

132. Les Métamorphoses d'Ovide en latin et en
françois, de la traduction de M. l'abbé Banier,
avec des explications historiques gravées, sur les
dessins des meilleurs peintres françois, par les
soins des sieurs Le Mire et Bazan, graveurs. *A
Paris*, 1767-1770, 4 tomes en 2 vol. in-4, figures
gravées par Boucher, Le Prince, Ch. Monet,
Eisen, J.-M. Moreau, H. Gravelot, Le Mire, de
Saint-Aubin, etc., demi-rel. chagr. viol.

Les pages 291-293 du tome IV sont raccommodées.

133. Les Métamorphoses d'Ovide, traduction nouvelle d'après le texte de l'édition du P. Jouvency,
avec des notes à l'usage des écoles primaires et
centrales, par Malfilâtre. *A Paris, chez Plassan,
l'an* vii *de la République*, 3 vol. in-8, figures gravées, v. rac. fil. tr. dor.

134. Métamorphoses d'Ovide en rondeaux, imprimez et enrichis de figures, par ordre de Sa Ma-
jesté. *A Paris, de l'Imprim. royale*, 1676, in-fol.
v. f. ant. (226 *gravures.*)

Sur cet exemplaire se trouve la signature *Guyon de Sardière.*

135. Métamorphoses d'Ovide en rondeaux, imprimez et enrichis de figures. *Amsterdam, chez Pierre Mortier,* 1697, in-12, figures vélin.

136. Fables choisies de Gabriel Faërne de Crémone, publiées pour la première fois avec des figures en taille-douce, dessinées et gravées par Simon Auguste, faisant suite aux fables d'Esope. *A Paris, chez Remoissenet* (1805), in-4, bas, fil.

137. Les Poëtes français, depuis le xiie siècle jusqu'à Malherbe avec une notice historique et littéraire sur chaque poëte. *A Paris, de l'impr. de Crapelet,* 1824, 6 vol. in-8, demi-rel. bas verte, tr. marbr.

138. Poésies de Marguerite-Éléonore-Clotilde de Vallon-Chalys, depuis Mme de Surville, poëte français du xve siècle, publiées par Ch. Vanderbourg. *Paris, chez Henrichs,* 1808, in-8, cuir de Russie, fil. tr. dor. (*Figures coloriées.*)

139. OEuvres de Nicolas Boileau-Despréaux, avec des éclaircissemens historiques, nouvelle édition, enrichie de figures gravées par Bernard Picart. *A la Haye, chez Pierre de Hondt,* 1729, 2 vol. in-fol. v. ant. marbr.

140. Fables choisies, mises en vers par J. de la Fontaine, nouvelle édition, gravée en taille-douce, les figures par le sieur Fessard le texte, par le sieur Montulay. *Paris,* 1765, 6 vol. in-8, v. porph. fil. tr. dor.

141. OEuvres de Jean-Baptiste Rousseau, nouvelle édition, revue, corrigée et augmentée sur les manuscrits de l'auteur, et conforme à l'édition in-4, donnée par M. Seguy. *Paris,* 1795, 4 vol. in-8, portraits et figures, v. fil. tr. dor.

142. OEuvres de Colardeau, de l'Académie française. *A Paris,* 1779, 2 vol. in-8, portrait et figures, v. ant. marbr.

143. OEuvres de Bernard : — L'Art d'aimer. — Castor
et Pollux, tragédie. — Les Surprises de l'amour. —
Poésies diverses. — *Paris, de l'impr. Crapelet, s.
d.*, in-8, figures d'Eisen, v. éc. fil. tr. dor.

144. L'Art d'aimer et Poésies diverses de Bernard,
édition ornée de sept figures d'Eisen. *Paris, de
l'impr. de Didot l'aîné, l'an* iii, in-8, v. f. dent.
dor.

145. Lettre de Zeïla, jeune sauvage, esclave de Cons-
tantinople, à Valcour, officier français. — Le Pot
pourri, par l'auteur de Zélis au bain. — Epître
à mon ami. — Lettre d'Alcibiade à Glycère. —
Lettres de Vénus à Paris. — Epître à la maî-
tresse que j'aurai. — L'Hôpital des fous. — Lucie
et Mélanie, anecdote historique, par M. d'Arnaud.
— Les Tourterelles de Zelmis. — Zélis au bain,
poëme. — Recueil de 10 pièces, avec figures
d'Eisen, réunies en 1 vol. in-8, maroq. rouge, fil.
tr. dor.

146. Contes de Dorat. *A la Haye et à Londres,* 1769-
1771, in-8, v. porph. fil. tr. marbr. (*Figures
d'Eisen et autres.*)

Dans ce volume on trouve : *Les Cerises et la Double Méprise. — Sélim et
Sélima,* poëme. — *Le Rêve d'un musulman. — Mes Rêveries,* contenant *Erato
et l'Amour,* poëme suivi des *Riens,* figures.

147. OEuvres poissardes de J.-J. Vadé, suivies de
celles de l'Ecluse. *A Paris, chez Defer de Maison-
neuve, de l'impr. de Didot le jeune, l'an IV* (1796),
in-4, cart. non rog. orné de figures imprim. en
couleurs.

148. Les Saisons, poëme, traduit de l'anglois de
Thompson. *A Paris, chez Choubert et Herissant,*
1759, in-12, v. f. ant. fil. tr. marbr. (*Front. et
7 figures gravées d'après Eisen.*)

THÉATRE.

149. Les Comédies de Térence, traduction nouvelle avec le texte latin en regard et des notes de M. l'abbé Lemonnier. *Paris, chez Jombert,* 1771, 3 vol. in-8, frontr. gr. de Cochin, maroq. rouge, fil. tr. dor. (*Anc. rel.*)

150. OEuvres complètcs de J. Racine, avec les notes de tous les commentateurs, édition publiée par L. Aimé-Martin. *A Paris, chez Lefèvre,* 1820, 6 vol. in-8, fig. de Prudhon, Desenne, Girodet, etc., v. rac. dent. tr. marbr.

151. Pièces de théâtre de monsieur de la Fontaine. *La Haye, chez Adrian Moetjens,* 1702, 5 pièces en 1 vol. v. ant.

Pénélope, — le Florentin, — Ragotin ou le Roman comique, — Je vous prens sans vert, — le Duc de Montmouth.

152. Thésée, tragédie en musique, et Isis, tragédie en musique. *Imprimées à Paris, et on les vend à Anvers, chez Henry van Dunwaldt (à la Sphère),* 1687, 2 ouvr. en 1 vol. pet. in-12, v. ant.

153. OEuvres de Crébillon, nouvelle édition, ornée de figures dessinées par Peyron et gravées sous sa direction. *A Paris, de l'impr. de Didot jeune, an VII,* 2 vol. in-8, v. gr. fil. tr. dor.

154. Hypermnestre, tragédie, par Lemierre. *Paris, Duchesne,* 1759, in-12, v.

Exemplaire de La Rive, avec des corrections manuscrites.

155. OEuvres de J.-F. Ducis. *Paris, Aimé André et Ladvocat,* 1827, 6 vol. in-12, portrait, v. f. gris, dent. à froid, tr. marbr.

ROMANS.

156. Les Amours pastorales de Daphnis et Chloé (traduites du grec en français, par Jacques Amyot).

(*Paris*), 1745, in-4, maroq. rouge, dos orné,
larg. dent. à comp. tr. dor. (*Anc. rel.*)

Réimpression de l'édition de 1718, avec les planches d'Audran retouchées,
plus la 29ᵉ dite *des petits pieds*. Les planches ont été coloriées.

157. Les Amours pastorales de Daphnis et de Chloé,
par Longus, double traduction du grec en français de M. Amiot et d'un anonime (Le Camus)
mises en parallèle et ornées des estampes origi-
nales du fameux B. Audran gravées aux dépens du
feu duc d'Orléans, régent de France. *A Paris,
imprimées pour les curieux*, 1757, in-4, tr. dor.

158. L'Éloge de la Folie composé en forme de dé-
clamation, par Erasme de Rotterdam, traduit nou-
vellement en françois par M. Gueudeville. *Amsterdam, chez R et F. Wetstein*, 1717, in-12, front.
et figures gravées, v. ant.

159. Histoire de Pierre de Provence et de la belle
Maguelonne. *Paris*, 1776. — Histoire de Robert
le Diable, duc de Normandie. *Paris*, 1776. — Les
Quatre fils d'Aymon. *Paris*, 1783. Histoire de
Fortunatus. *Paris*, 1776. Histoire de Jean de Ca-
lais. 1776. — Ens. 5 ouvr. en 2 vol. in-8, bas.

Publié sous le titre de *Bibliothèque bleue*.

160. OEuvres de maître François Rabelais, publiées
sous le titre de Faits et dits du géant Gargantua et
de son fils Pantagruel. *Amsterdam*, 1725, 5 vol.
in-12, portrait et figures, v. ant. marbr.

Le tome IV est entièremeut mouillé.

161. OEuvres de maistre François Rabelais, suivies
des remarques publiées en anglais par M. le Mot-
teux et traduites en français, nouvelle édition,
ornée de 76 gravures. *Paris, chez Ferd. Bastien,
an VI*, 3 vol. in-8, v. rac. dent. tr. marbr.

162. Les avantures de Télémaque, fils d'Vlysse, par
Fr. de Salignac de la Mothe Fénelon. *Amsterdam
et Rotterdam*, 1734, gr. in-4, figures de Bernard
Picart, demi-rel. v. viol. tr. marbr.

163. Les Avantures de Télémaque, fils d'Ulysse, gravées d'après les dessins de Charles Monnet, peintre du roy, par Jean-Baptiste Tilliard. *Paris,* 1773, 2 vol. in-4, demi-rel. v. viol. tr. marbr.

164. Les Avantures de Télémaque, fils d'Vlysse, par François de Salignac de la Mothe Fénelon. *Paris, de l'impr. de P. Didot l'aîné,* 1792, 6 vol. in-12, figures de Queverdo, v. f. ant. fil.

165. Le Diable boiteux (seconde édition). *Paris, chez la veuve Barbin,* 1707, in-12, v. ant. frontispice.

166. Histoire de Gil Blas de Santillane, par M. Le Sage. *Paris, par la compagnie des Libraires,* 1771, 4 vol. in-12, figures, v. ant. tr. dor.

167. Le Temple de Gnide, poëme imité de Montesquieu, par M. Léonard, nouvelle édition, ornée de figures en taille-douce, et augmentée de l'Amour vengé. *A Paris, chez Dufour,* 1773, in-8, demi-rel. bas.

168. L'An deux mille quatre cent quarante, rêve s'il en fut jamais, suivi de l'Homme de fer, songe (par Mercier). *S. d.,* 1786, 3 vol. in-8, v. gr. fil.

169. Lettres d'une Péruvienne, par Mme de Graffigny traduites du français en italien par M. Deodati, édition ornée du portrait de l'auteur gravé par M. Gaucher et de six gravures exécutées par les meilleurs artistes, d'après les dessins de M. Le Barbier l'aîné. *Paris, de l'imprim. de Migneret,* 1797, gr. in-8, v. rac. fil. tr. dor.

170. OEuvres de Gessner. *Paris, chez Dufart, impr. libr.,* 2 vol. in-8, fig. de Marillier et Monnet, v. rac. fil.

171. Contes de Jean Boccace. *Londres,* 1777-79, 10 vol. in-8, figures d'après Gravelot, Eisen, Boucher, etc., v. gr. fil. tr. marbr.

172. Nouvelles espagnoles de Michel de Cervantes, traduction nouvelle, avec des notes, ornée de 12 belles figures, par M. Lefebvre de Villebrune. *Paris,* 1798, 12 parties en 2 vol. in-8, v. gr. fil. tr. marbr.

La Bohémienne, — l'Amant libéral, — Théodosie et Léocadie, — le Jaloux d'Estramadure, — l'Espagnole anglaise, — le Sot curieux, — le Licencié de verre, — l'Illustre Érigone, — la Force du sang, — Cornélie, — le Mariage trompeur, — et les Filoux.

POLYGRAPHES.

173. OEuvres de Denis Diderot, publiées sur les manuscrits de l'auteur, par Jacques-André Naigeon. *A Paris, chez Desray,* 1798, 15 vol. in-8, v. éc. dent. tr. dor.

174. OEuvres complètes de Voltaire (publiées par Beaumarchais). *Kehl,* 1784-89, 70 vol. in-8, v. rac. (*Figures de Moreau.*)

Papier vélin. — Bonnes épreuves.

HISTOIRE.

GÉOGRAPHIE. VOYAGES.

175. Description de l'univers, contenant les différents systèmes du monde, les cartes générales et particulières de la géographie ancienne et moderne, les plans et les profils des principales villes et des autres lieux plus considérables de la terre, avec les portraits des souverains qui y commandent, leurs blasons, titres et livrées, et les mœurs, religions, gouvernemens et divers habillemens de chaque nation, par Allain Manesson Mallet. *A Paris, chez Denys Thierry*, 1683, 5 vol. petit in-4, v. ant.

176. Le petit Atlas maritime, recueil des cartes et plans des quatre parties du monde (publié par ordre de M. le duc de Choiseul, colonel général, et gravé par le sieur Belin, ingénieur de la marine). *S. l.*, 1764, 5 vol. in-4, v. ant. marbr. (575 *planches gravées et coloriées.*)

177. Recueil de cartes anciennes comprenant l'ancienne France et autres contrées de l'Europe. In-fol. demi-rel. parch. vert.

178. Voyages pittoresques dans les quatre parties du monde, contenant les costumes des principaux peuples de l'Asie, de l'Afrique, de l'Amérique et des sauvages de la mer du Sud, gravés et coloriés, accompagnés de cartes géographiques, suivis d'un précis historique sur les mœurs de chaque peuple, par J. Grasset Saint-Sauveur. *Paris, chez Mme veuve Hocquart*, 1806, 2 vol. in-4, demi-rel. v. vert.

179. Voyage au Levant, c'est-à-dire dans les principaux endroits de l'Asie Mineure, dans les Isles de Chio, Rhodes et Chypre, de même que dans les plus considérables villes d'Egypte, de Syrie et de la terre sainte, enrichi de plus de 200 tailles-douces, par Corneille le Brun. *Se vend à Paris, chez Guill. Cavelier, rue Saint-Jacques, à la Fleur de lis d'or*, 1714-18, 2 vol. pet. in-fol. texte à deux col. v. ant.

180. Journal du voyage de Michel de Montaigne en Italie, avec des notes par M. de Querlon. *A Rome, et se trouve à Paris*, 1771, in-4. (*Portr. de Michel de Montaigne.*)

Exemplaire de la Malmaison.

HISTOIRE ANCIENNE.

181. Histoire des Juifs, écrite par Flavius Josèphe
sous le titre des Antiquités judïaques, traduite sur
l'original grec, par M. Arnaud d'Andilly; édition
nouvelle, enrichie d'un grand nombre de figures
en taille-douce et de cartes géographiques. *Amsterdam, chez Pierre Mortier*, 1700, in-fol. v. ant.
fig. dans le texte.

182. Titi Livii Decades noviter impressæ. *Venetiis*,
1506, in-fol. v. (*Nombreuses figures sur bois.*)

183. Les Césars de l'empereur Julien, traduits du
grec par feu M. le baron de Spanheim, avec des
remarques et des preuves, enrichis de plus de
3oo médailles et autres anciens monumens gravés
par Bernard Picard le Romain. *Amsterdam, chez
Fr. l'Honoré*, 1728, in-4, v. ant. marbr.

184. Les Antiquités romaines de Denys d'Halicarnasse, traduites en français par Bellanger. *Paris,
chez Calixte Vollant*, 1807, 6 vol. in-8, porph.
fil. tr. marbr.

185. Antiquités romaines expliquées dans les mémoires du comte de B***, contenant des avantures
et anecdotes du temps très-curieuses, ses recherches et ses découvertes sur les antiquités de la
ville de Rome et autres curiosités de l'Italie, divisées en trois parties et enrichies de plus de cent
belles planches en taille-douce. *A la Haye, chez
Jean Neaulme*, 1750, in-4, v. ant.

186. Tableaux de l'Histoire romaine, ouvrage posthume abrégé de Millot, par lui-même. *A Paris,
de l'impr. de Gay et Gide, l'an IV° de la République* (1796), in-fol. v. ant. 48 planches gravées
par Tardieu, Gravelot, Saint-Aubin, Eisen, v. ant.
marbr.

187. Les Vies des hommes illustres de Plutarque, traduites du grec par Jacques Amyot, grand aumônier de France, avec des notes et des observations de M. l'abbé Brotier. *A Paris, chez Jean-Baptiste Cussac,* 1783-1787, 22 vol. in-12, figures de Moreau le jeune, maroq. rouge, fil. tr. dor. (*Anc. rel.*)

188. Histoire des inaugurations des rois, empereurs et autres souverains de l'univers (par dom Ch. Bévy). *Paris, Moutard,* 1776, in-8, v. ant. marbr. (14 planches gravées de divers costumes français de 1223 à 1776.)

HISTOIRE DE FRANCE, ANTIQUITÉS, ETC.

189. Nouvel Abrégé chronologique de l'histoire de France (par Hénault), nouvelle édition, ornée de vignettes et fleurons en taille-douce. *Paris, de l'impr. de Prault,* 1778, 2 vol. in-4, v. vert, dent. à comp. tr. dor.

190. Histoire de France avant Clovis, pour servir d'introduction à celle de MM. Vély, Villaret et Garnier, par M. Laureau, historiographe de Mgr le comte d'Artois. *Paris, chez Lamy,* 1786, in-12, mar. r. (*Anc. rel.*)

191. OEvvre royale de Charles VI, roy de France, 9 feuillets. — Thrésor de philosophie ov original dv désir désiré de Nicolas Flamel, extraict d'un ancien manuscrit, 20 feuillets. — 2 plaquettes en 1 vol. in-8, maroquin rouge, fil. tr. dor. (*Anc. rel.*)

Piqûres. Fragment d'un volume.

192. Abrégé de l'histoire françoise, avec les effigies et devises des roys depvis Pharamond iusqves av roy Loys XIII, à présent régnant, tirées des plus rares et excellens cabinets de la France. *A Rouen,*

chez Daniel Covstvrier, 1620, pet. in-fol. vél.
texte enc. portraits, encadrements.

193. Mémoires pour servir à l'histoire de France,
contenant ce qui s'est passé de plus remarquable
dans ce roïaume depuis 1615 jusqu'en 1711, avec
les portraits des rois, reines, princes, princesses
et autres personnes illustres dont il y est fait
mention. *A Cologne*, 1719, 2 vol. in-12, v. ant.
fil. tr. dor. (*Portraits.*)

194. Tableaux de l'ordre du Saint-Esprit. *S. l. n. d.*,
in-fol, v.

Feuilles découpées et remontées in-fol.

195. Mémoires de M. D. L. R. sur les brigues à la
mort de Louys XIII, les guerres de Paris et de
Guyenne et la prison des princes. *A Cologne, chez
Pierre van Dyck*, 1664, pet. in-12 velin. (130 mill.)

196. Histoire du règne de Louis le Grand, par les
médailles (164 médaillons). — L'Histoire du roy,
par les jetons (70 jetons). — Devises pour le roy
(gravures), etc., in-fol. v. ant. marbr. fil.

197. Médailles du règne de Louis XV (par G.-R.
Fleurimont). (*S. l. n. d.*) in-4, v. ant. (*Frontispice,
titre et 78 planches gravées.*)

198. Histoire générale et impartiale des erreurs, des
fautes et des crimes commis pendant la Révolution
française à dater du 24 août 1787, ornée de gravures et de tableaux. *Paris, an v de la République*,
1797, 5 tomes en 4 vol. in-8, demi-rel. bas.

Assemblée constituante et législative, 1 vol., — Convention nationale,
2 vol., — Dictionnaire des individus condamnés à mort pendant la Révolution, 2 vol.

199. Histoire métallique de la Révolution française,
ou recueil des médailles et des monnaies qui ont
été frappées depuis la convocation des Etats généraux jusqu'aux premières campagnes de l'armée
d'Italie, par Q.-L. Millin. *A Paris, de l'Imprim.
impériale*, 1806, in-4, cart. (26 *planches gravées.*)

200. Napoléon et ses contemporains, suite de gravures représentant des traits d'héroïsme, de clémence, de générosité, de popularité, avec texte, publiée par Aug. de Chambure. *Paris*, 1834, gr. in-4 pap. vélin, figures sur chine, demi-rel. v. f. non rog.

201. Histoire de la Ville de Paris, par Félibien et Lobineau. *Paris, Desprez*, 1725, 5 vol. in-fol. v. cartes et figures.

202. Recherches critiques, historiques et topographiques sur la Ville de Paris, depuis ses commencements connus jusqu'à présent, avec le plan de chaque quartier, par le sʳ Jaillot, géogr. ordinaire du Roy. *Paris*, 1772-1774, 5 vol. in-8, v. ant. (*Plans.*)

203. Tableau historique et pittoresque de Paris, depuis les Gaulois jusqu'à nos jours, par M*** (de Saint-Victor, Tourlet, etc.). *Paris, Nicolle*, 1808-12, 3 vol. in-4, nombr. gravures et cartes, v. vert, fil. tr. marbr.

204. Le Nouveau Paris, par le cit. Mercier. *Paris*, s. d. (*an VII*), 6 tomes en 2 vol. in-8, demi-rel. bas.

205. Histoire physique, civile et morale de Paris, depuis les premiers temps historiques jusqu'à nos jours, par J.-A. Dulaure. *Paris*, 1821-22, 7 vol. in-8, figures et cartes, v. vert, fil.

206. Paris révolutionnaire. *Paris, Guillaumin*, 1833, 4 vol. in-8, demi-rel. v. f.

En tête du tome Iᵉʳ de cet ouvrage se trouve placé : Vingt jours de secret, ou le Complot d'avril, par Arm. Marrast.

207. Le Cabinet de la bibliothèque Sainte-Geneviève, par Claude du Molinet. *Paris, Ant. Dezallier*, 1692, in-fol. v. br. fig.

208. Recueil des antiquités et monuments marseillais qui peuvent intéresser l'histoire et les arts, divisé en cinq parties et orné de gravures, par

M. J.-B.-B. Grosson, de Marseille. *Marseille, chez J. Mossy*, 1773, in-4, v. ant.

209. Description du labyrinthe de Versailles. *A Paris, de l'Impr. royale,* 1679, in-8, v. ant. fil. tr. dor. (*Aux armes de France.*)

L'exemplaire est incomplet de planches.

210. Représentation des fêtes données par la ville de Strasbourg à Louis XV, gravées par Weiss, in-fol. cart. figures.

211. Relation des fêtes données par la ville de Strasbourg à L. M. I. et R. à leur retour d'Allemagne. *Strasbourg*, 1806, in-fol. 5 planches gravées au trait, v. rouge, fil. or.

212. Histoire d'Angleterre, représentée par figures accompagnées d'un précis historique, gravées par F.-A. David, d'après les dessins des plus célèbres artistes. *A Paris (chez l'auteur)*, 1784, 2 vol. in-4, v. ant.

213. Histoire abrégée des provinces-unies des Païs-Bas et celle de leurs compagnies en Orient et en Occident. *Amsterdam*, 1701, pet. in-fol. bas. (*Planches.*)

214. La Tres admirable, tres magnifique et triumphante Entrée du tres hault et tres puissant prince Philipes, prince d'Espaignes, filz de l'empereur Charles V, ensemble la vraye description des spectacles, theatres, archz triumphaulx, etc., lesquelz ont esté faictz et bastis à sa tres desirée réception en la tres renommée et florissante ville d'Anuers, anno 1549, premierement composée et descripte en langue latine, par Corneille Grapheus, greffier de ladicte ville d'Anuers, et depuis traduicte en françois. *Antverpiæ,* 1550, in-4, réglé, dérelié. (*Planches.*)

Incomplet des ff. f. 3, et E. 1.

215. Les Délices des Pays-Bas. *A Anvers, chez*

C.-M. Spanoghe, 1786, in-4 obl. bas. environ
140 planches.

Texte hollandais. Planches 104 et 105 mq. la moitié.

216. Anecdotes de la Bienfaisance, ou Annales du
règne de Marie-Thérèse, impératrice douairière,
par M. Fromageot. *Paris,* 1777, in-8, portr. gr.
et figures, d'après Moreau le jeune, v. ant. fil.
tr. marbr.

217. Histoire physique, morale, civile et politique
de la Russie ancienne et moderne, par M. Le
Clerc. *A Paris et Versailles*, 1783, 5 vol. in-4,
figures gravées par Chenu, Pauquet, Auvray, Ni-
quet, v. porph. fil. tr. marbr. et atlas in-fol.
demi-rel.

218. La Chine d'Athanase Kircher, de la Compagnie de Jésus, illustrée de plusieurs monuments
tant sacrés que profanes et de quantité de recherches de la nature et de l'art, avec un dictionnaire chinois et françois, traduit par F.-S. Dal-
quié. *Amsterdam,* 1670, in-fol. v. ant. mar.
figures.

219. Ambassades mémorables de la Compagnie des
Indes-Orientales des Provinces-Unies vers les
empereurs du Japon, contenant plusieurs choses
remarquables arrivées pendant le voyage des am-
bassadeurs, et, de plus, la description des villes,
bourgs, châteaux, forteresses, temples et autres
bâtiments, le tout enrichi de figures dessinées sur
les lieux. *Amsterdam, chez Jacob de Meurs,* 1680,
2 parties en 1 vol. in-fol. v. ant. marbr.

220. Mœurs des sauvages américains comparées
aux mœurs des premiers temps, par le P. Lafi-
tau, de la Compagnie de Jésus, ouvrage enrichi
de figures en taille douce. *Paris, Saugrain,* 1724,
2 vol. in-4, v. ant.

FIN.